Easy Peasy Turkish!

Your Turkish Phrase Book To Go!

by

Ayla Osman

Table of Contents

History and Introduction 3
Pronunciation and Grammar 4
Vowels 5
Digraphs 8
Diphthongs 9
Everyday Phrases 10
Accommodation 12
Authorities 15
Bars, Restaurants and Food 16
Colors and Numbers 22
Directions and Transportation 26
Emergencies and Problem Phrases 32
Medical 33
Money 35
Shopping 37
Time and Date 41

History and Introduction

The original Turkish language first appeared with Orkhon inscriptions that were about the oldest Turkish Emperor and the ruler brothers; Bilge Khan and Kul Tigin. In the Middle Ages people living in a vast area across Central Asia were speaking old Turkish language. The Seljuqs and the Oghuz Turks carried their language to the new lands and especially to Anatolia.

Mahmud al-Kashgari wrote the first Turkish dictionary called Kara-Khanid Khanate and this dictionary also showed areas where Turkish people had originally lived. When Turks accepted Islam as their religion, many loanwords from Arabic and Persian occured in daily speech. With the Ottoman Emperor the new formal language became Ottoman Turkish which acquired a vast collection of Turkish, Persian and Arabic languages.

Ottoman poets were affected by the Persian language and reflected these influences to the Ottoman Divan poetry. When capitulation was signed with France, French then became the official written language.

After Ataturk founded the Republic of Turkey and carried out the script reform, the Turkish Language Association (in Turkish: Türk Dil Kurumu or TDK) restructured the spoken and written Turkish language and purified the Turkish language from Persian, Arabic and other loanwords. TDK accepted Latin letters in the Turkish alphabet. Nowadays the spoken and written language are one and the same.

Pronunciation and Grammar

There are some unique letters in Turkish such as **ğ, ü, ö, ç, ş, ı, â, û, î**. Except for **ğ** these letters can be used anywhere in a word. The letter **ğ** however must be placed *after* a vowel so a sentence can never begin with "**Ğ**".

The Turkish vowels are **a, e, ı, i, o, ö, u, ü** and the consonants **b, c, d, f, g, ğ, h, j, k, l, m, n, p, r, s, ş, t, v, y, z**. Some of these consonants can change in the sentence: for instance, kitap means book, but if we add the letter "ı" at the end, it will be "kita-b-ı". So in Turkish when **k, t, p** are followed by a vowel they become **k-ğ, t-d, p-b**.

A word can end with suffixes and begin with prefixes. For example time expressions and personal pronouns are at the end of a verb. The usage of affixes gives the advantage of creating verbs from nouns and nouns from the verb forms. The original prefixes are alliterative strengthening the connotation of a word, for example: "kıpkırmızı" (bright red).

There are no diphthongs, however with the Arabic and Persian influence some loanwords can create this if two vowels are used in the same word. For example; "kağan" (khan) is pronounced as "kʌʌn". On the other hand the plural suffixes are used after the word, i.e. şehrin (city).

Vowels

		English Sound
a		m<u>U</u>ch
e		<u>A</u>ir
ı		o<u>i</u>l
i		s<u>EA</u>t
o		p<u>O</u>rt
ö		f<u>U</u>rry
u		z<u>OO</u>
ü		t<u>U</u>rn

		English Sound
b		**B**ull
c		bri**DG**e
ç		cat**CH**
d		re**D**
f		li**F**e
g		fin**G**er
ğ		**TH**en
h		**H**ouse
j		plea**S**ure
k		**C**ase
l		ho**L**e
m		co**M**e
n		o**N**
p		cu**P**
r		ca**RR**y
s		ri**C**e
ş		wi**SH**

t		se**T**
v		li**V**e
y		**Y**oung
z		day**Z**

Digraphs

There are NO digraphs in Turkish because Turkish words are pronounced just as they are written. There are no two or more different pronounciations of a vowel.

Diphthongs

There are NO diphthongs in contemporary Turkish, however there are words that are imported from neighbouring countries' languages & foreign languages in Turkish.

		English Sound
â		Kâğıt (Paper) => k**ae**hit
î		Limonî (Lemony) => Leemon**ee**
û		Lûgat (Dictionary) => L**oo**gut
ğ		Kağnı (Bullock Wagon) => Ku**h**nee

Hosh-chek-al = Bye

Everyday Phrases

	Translation	How to say it
Hello.	Merhaba.	maerhaba
Good morning.	Günaydın	gewnuyden / G-nai-den
Good day.	İyi günler	iyi gewnlaer / e-e goon-ash
Good evening.	İyi akşamlar	iyi akshamlar
Good night.	İyi geceler	iyi gejelaer
Hi.	Selam.	selam / say-lam
Goodbye.	Güle güle	gewlae gewlae
Nice to meet you.	Tanıştığıma memnun oldum	taneshthema memnoon oldoom
How are you?	Nasılsın?	naselsen / na-sil-(si-nus) *sun*
Fine, thank you.	İyiyim, teşekkür ederim	iyiyim teshekkewr ederim
What is your name?	Adın ne?	auden ne
My name is.	Adım.	audem / benim Adum
Yes.	Evet.	evet
No.	Hayır.	hauyer / hi-esh
Please.	Lütfen.	lewtfen / loot-fan
Thank you.	Teşekkürler.	teshekkewrler / teshey-ku-lash

* *teshey-ku ed-er-um*

He-sap lütfan = bill please

You are welcome.	Birşey değil.	birshey dehil
Please, can you help me?	Lütfen bana yardım edebilir misin?	lewtfen baunau yaurdem edin
Excuse me.	Afedersin.	Aufedersin Ofey-dye-sinis
Pardon me.	Pardon.	Pardoun
I am sorry	Özür dilerim.	uzewr dilerim oo-zoo-de-ler-um
Do you speak English?	İngilizce konuşuyor musun?	engilizjae konushuyor musunuz
Is there someone here who speaks English?	Burada İngilizce konuşan birisi var mı?	bourada engilijae konushan birisi var me
Please repeat that!	Lütfen bunu tekrar edin!	lewtfen buanua tekrar edin
I understand.	Anladım.	aunlademem
I do not understand.	Anlamadım.	aunlamadem an-la-mer-um
What does it mean?	Bu ne anlama gelir?	bua ne anlama gealir
What time is it?	Saat kaç?	saat kach
Where is the bathroom?	Lavabo nerede? Banyo	lavauboa nerede nar-day nigh-de
Where can I find a telephone?	Telefonu nerede bulabilirim?	telefonou nereda bulabilirim

I am English — ben ingi-liz-um

ne-kadar — how much?

eestir-um — I'd like

Accommodation

	Translation	How to say it
Do you have any rooms available?	Müsait odanız var mı?	meewsauit odaneaz var mea
How much is a room for one person?	Tek kişi için oda fiyatı ne kadardır?	tek kishi echin odae fiyatea ne kadarder
How much is a room for two people?	İki kişi için oda fiyatı ne kadardır?	iki kishi echin odau fiyatea ne kadaeder
May I see the room first?	İlk önce odayı görebilir miyim?	ilk unge odayea guerebilir miyim
Does the room come with...	Odanın. ... var mıdır?	Odanen .... var meder
... a bathroom?	... banyosu?	baunyosu
... a telephone?	... telefonu?	telefonu
... bedsheets?	... yatak çarşafı?	yatak charshafei
... pillows?	... yastıkları?	yasteklaere
... towels?	... havluları?	hauvlulare
... shower?	... duşu?	dueshue
... a TV?	... Televizyonu?	televizyounue
Do you have anything...	... bir odanız var mı?	bir odanez var mea
... bigger?	Daha büyük ...	daha bewyewk

... cleaner?	Daha temiz ...	daha temiz
... smaller?	Daha küçük...	daha kewchewk
... cheaper?	Daha ucuz...	daha uogeus
... quieter?	Daha sessiz...	daha sessiz
... better?	Daha iyi...	daha iyi
Do you offer...	... sunuyor musunuz?	suenuyour musunuz
... a safe?	Güvenlik...	gewenlik
... lockers?	Kilitli dolaplar...	kilitli doulaplar
Is breakfast included?	Kahvaltı dahil mi?	kahvaltea dahil mi
Is supper included?	Akşam yemeği dahil mi?	aksham yemeyi dahil mi
When is breakfast?	Kahvaltı ne zaman?	kahvaltea ne zaman
When is supper?	Akşam yemeği ne zaman?	aksham yemeyi ne zaman
Ok, I will take it.	Peki, alacağım.	peki alagehem
I will stay for... night(s).	... gece kalacağım.	gaegei kalagehem
Can you suggest other hotels?	Diğer hotelleri önerebilir misiniz?	diher hotelleri aunerebilir misiniz
Please clean my room.	Lütfen odamı temizleyin.	lewtfen odamea temizleyin
Could you please wake me at...?	Lütfen beni ... 'de kaldırabilir misiniz?	lewtfen beni ... 'da kalderabilir misiniz

| I would like to check out. | Çıkış yapmak istiyorum. | chekesh yapmak istiyorum |

Authorities

	Translation	How to say it
It was a misunderstanding	Bu bir yanlış anlama.	Bou bir yanlesh anlama
I haven't done anything wrong.	Yanlış birşey yapmadım.	yanlesh birshey yapmadem
Am I under arrest?	Tutuklu muyum?	tutuklu muyum
Where are you taking me?	Beni nereye götürüyorsunuz?	beni nereye guturuyorsunuz
I want to talk to a lawyer.	Avukat istiyorum.	avukat istiyorum
I am an American / British / Australian / Canadian citizen.	Amerikan / İngiliz / Avusturalya Kanada / vatandaşıyım.	amearikan / ingiliz / avusturalya / kanada vatandasheyem
I want to talk to the American / British / Australian / Canadian embassy consulate.	Amerikan / İngiliz / Avustralya Kanada / konsolosluğu ile görüşmek istiyorum.	amearikan / ingiliz / avusturalya / kanada konsolosluhu ile gouroushmek istiyorum
Can I just pay a fine now?	Şimdi bir para cezası ödeyebilir miyim?	shimdi bir parae gezasea ewdeyebilir miyim

Bars, Restaurants and Food

	Translation	How to say it
I would like to make a reservation for tonight.	Bu akşam için bir rezervasyon yaptırmak istiyorum.	bu aekshaem iechin rezervasyon yaptermak istiyorum
I would like to make a reservation for tomorrow night.	Yarın akşam için rezervasyon yaptırmak istiyorum.	yaren akshaem iechin rezervasyon yaptermak istiyorum
I have a reservation.	Rezervasyonum var.	rezervasyonum var
Can I have a table for two please?	İki kişilik bir masa alabilirmiyim lütfen?	iki kishilik bir masa alabilir miyim lewtfen
When is closing time?	Kapanış ne zaman?	kapanesh ne zaman
Do you know a good restaurant?	İyi bir restoran biliyor musunuz?	iyi bir restoran biliyor musunuz
Do you serve alcohol?	Alkol sunuyor musunuz?	alkol sunuyor musunuz
Can we please see the menu?	Menüyü görebilir miyiz lütfen?	menueyu gaewrebilir miyim
Do you have a children's menu?	Çocuk menünüz var mı?	chogeuk menuenuz var me
What is today's special?	Günün spesyali nedir?	gunun sipesiyali nedir
Is there a house specialty?	Ev spesiyalitesi var mı?	ev sipesiyali var me

Is there a local specialty?	Yerel bir spesiyalite var mı?	yerel bir sipesiyalite var me
What do you recommend?	Ne önerirsiniz?	ne uenerirsiniz
Can I look in the kitchen?	Mutfağa bakabilir miyim?	mutfaha bakabilir miyim
A la carte	Alakart	a-la-carte
Breakfast	Kahvaltı	kahvalte
Lunch	Öğle yemeği	uehle yemehi
Dinner	Akşam yemeği	aksham yemehi
Supper	Akşam yemeği	aksham yamahi
Salt	Tuz	tuoz
Pepper	Pul biber	pul biber
Black pepper	Kara biber	kara biber
Butter	Tereyağ	tereyah
Cream	Krem	krem
Chicken	Tavuk	tavuk
Fish	Balık	balek
Ham	Domuz jambonu	domuz jambonu
Beef	Sığır eti	seher eti
Veal	Dana eti	dana eti
Sausage	Sosis	sosis

Eggs	Yumurtalar	yuomuortalar
Cheese	Peynir	peynir
Salad	Salata	salata
Vegetables	Sebzeler	sebzeler
Fruit	Meyve	meyve *may-veh*
Fresh	Taze	taze
Toast	Tost	tost
Bread	Ekmek	ekmek
Sugar	Şeker	sheker
Rice	Piriç	pirinch
Noodles	Noodle	nudel
Pasta	Pasta	pasta
Beans	Fasulye	fasulye
Tea	Çay	chai
Coffee	Kahve	kahve
Milk	Süt	sewt
Juice	Meyve suyu	meyve suoyuo
Orange juice	Portakal suyu	portakal suoyuo
Lemon	Limon	limon
Soft drink	Alkolsüz içecek	alkoolsuez ichegek
Ice	Buz	buz

Coke	Kola	kola
Water	Su	su
Bubbly water	Köpüklü su	kewpueklue su
Tonic water	Tonik su	tonik su
Beer	Bira	bira
Wine	Şarap	sharap
White wine	Beyaz şarap	beyaz sharáp
Red wine	Kırmızı şarap	kermeze sharap
Whiskey	Viski	viski
Rum	Rom	rom
Vodka	Votka	votka
A bottle	Bir şişe	bir shishe
I am a vegetarian.	Vejeteryanım.	vejeteryanem
I don't eat meat.	Et yemem.	et yemem
I don't eat pork.	Domuz eti yemem.	domuz eti yemem
I want a dish containing...	... içeren bir tabak istiyorum.	... icheren bir tabak istiyorum
I only eat kosher food.	Sadece Yahudi usulü yemek yerim.	sadece yahudi usulew yemek yerim
I'm allergic to...	... 'e alerjim var.	e alerjim var
Waiter!	Garson!	garson
Waitress!	Garson!	garson

ker-me-ze sharap

a glass of wine
beer - ka-desh sharap boof-tan

Excuse me, waiter?	Afedersiniz, garson?	afedersiniz, garson
Excuse me, waitress?	Afedersiniz, garson?	afedersiniz, garson
May I have a glass of...?	Bir bardak ... alabilir miyim?	bir bardak ... alabilir miyim
May I have a cup of...?	Bir fincan ... alabilir miyim?	bir fincan ... alabilir miyim
May I have a bottle of...?	Bir şişe ... alabilir miyim?	bir shishe ... alabilir miyim
Can I have a fork?	Çatal alabilir miyim?	chatal alabilir miyim
Can I have a spoon?	Kaşık alabilir miyim?	kashek alabilir miyim
Can I have a knife?	Bıçak alabilir miyim?	bechak alabilir miyim
Can I have a plate?	Tabak alabilir miyim?	tabak alabilir miyim
Can I have a glass?	Bardak alabilir miyim?	bardak alabilir miyim
I am hungry.	Açım.	achem
I am thirsty.	Susadım.	susadem
I would like to order.	Sipariş vermek istiyorum.	siparish vermek istiyorum
I would like a water.	Su istiyorum.	su istiyorum
I would like a coffee.	Bir kahve istiyorum.	bee kahve istiyorum
... with milk.	Sütlü...	suetlu
I would like a tea.	Bir çay istiyorum	bee chai istiyorum
.... with lemon.	Limonlu...	limonlu

I would like an ice tea.	Buzlu çay istiyorum.	buzlu chai istiyorum
I would like a soft drink.	Yumuşak içecek istiyorum.	yumushak ichegek istiyorum
I would like a bottle of wine.	Bir (şişe) şarap istiyorum. *She - shay.*	bir shishe sharap istiyorum
Can you also bring us bread and butter?	Bize ekmek ve tereyağı getirebilir misiniz?	bize ekmek ve tereyahe getirebilir misin
What do you have for desserts?	Tatlı olarak neler var?	tatle olarak neler var
One more, please.	Bir tane lütfen. *beer*	bir tane lewtfen *tar-ne*
Another round, please.	Başka bir tane lütfen.	bashka bir tane lewtfen
It was delicious.	Çok lezzetli.	chok lezzetli
Please clear the plates.	Lütfen tabakları temizleyin.	lewtfen tabaklare temizleyin
Where is the bathroom?	Lavabo nerede?	lavabo nerede
Please bring me the bill.	Lütfen hesabı getirin.	lewtfen hesabe getirin

Colors and Numbers

	Translation	How to say it
White	Beyaz	beyaz
Yellow	Sarı	sare
Orange	Turuncu	turuncu
Red	Kırmızı	kermeze
Green	Yeşil	yeshil
Brown	Kahverengi	kahverengai
Blue	Mavi	mavi
Purple	Mor	mor
Grey	Gri	grie
Black	Siyah	siyah
Pink	Pembe	pembe
1.	Bir	bir
2.	İki	iki
3.	Üç	ewch
4.	Dört	duert
5.	Beş	besh

6.	Altı	alte
7.	Yedi	yedi
8.	Sekiz	sekiz
9.	Dokuz	dokuz
10.	On	on
11.	Onbir	onbir
12.	Oniki	oniki
13.	Onüç	onewch
14.	Ondört	onduert
15.	Onbeş	onbesh
16.	Onaltı	onalte
17.	Onyedi	onyedi
18.	Onsekiz	onsekiz
19.	Ondokuz	ondokuz
20.	Yirmi	yirmi
21.	Yirmi bir	yirmi bir
22.	Yirmi iki	yirmi iki
23.	Yirmi üç	yirmi ewch
24.	Yirmi dört	yirmi dewrt
25.	Yirmi beş	yirmi besh
26.	Yirmi altı	yirmi alte

27.	Yirmi yedi	yirmi yedi
28.	Yirmi sekiz	yirmi sekiz
29.	Yirmi dokuz	yirmi dokuz
30.	Otuz	otuz
40.	Kırk	kerk
50.	Elli	elli
60.	Altmış	altmesh
70.	Yetmiş	yetmish
80.	Seksen	seksen
90.	Doksan	doksan
100.	Yüz	yewz
101.	Yüz bir	yewz bir
200.	İkiyüz	iki yewz
300.	Üçyüz	ewch yewz
400.	Dörtyüz	duetrtyewz
500.	Beşyüz	beshyewz
600.	Altıyüz	alteyewz
700.	Yediyüz	yediyewz
800.	Sekizyüz	sekizyewz
900.	Dokuzyüz	dokuzyewz
1000.	Bin	bin

10,000	Onbin	onbin
100,000	Yüzbin	yewzbin
1,000,000	Bir milyon	bir milyon
Less.	Daha az	daha az
Half.	Yarım	yarem
More.	Daha fazla	daha fazla

Directions and Transportation

	Translation	How to say it
North	Kuzey	kuzey
South	Güney	geuwney
West	Batı	bate
East	Doğu	dohu
Uphill	Yokuş yukarı	yokush yukare
Downhill	Yokuş aşağı	yokush ashahe
Left	Sol	sol
Right	Sağ	sah
Straight ahead.	Doğruca	dohruca
To the left.	Sola	sola
Turn left.	Sola dönün.	sola duenewn
To the right.	Sağa	saha
Turn right.	Sağa dönün	saha duenewn
How do I get to...?	... nasıl giderim?	... nasel geiderim
... the bus station?	Otobüs durağına...	otobues durahena
... the airport?	Hava alanına ...	hava alanena ...
... downtown?	Şehir merkezine...	shehir merkezine

... the train station?	Tren istasyonuna...	tren istasyonuna
... the youth hostel?	Öğrenci yurduna...	uehrenci yurduna
... the hotel?	Hotele...	hotele
... the embassy?	Büyük elçiliğe...	beuyeuk elchilihe
... the consulate?	Konsolosluğa...	konsoloslulha
Where is the bus / train station?	Otobüs / tren istasyonu nerede?	otobews tren istasyonu nerede
Excuse me, I am looking for the ticket office.	Afedersiniz, bilet ofisini arıyorum.	afedersiniz bilet ofisini areyorum
I would like a one way ticket to....	...'e gidiş bileti istiyorum.	e gaidish bileti istiyorum
I would like a round trip ticket to....	...'e gidiş dönüş bileti istiyorum.	e gaidish deunuesh
I would like to sit in the smoking car.	Sigara içilen bir arabada oturmak istiyorum.	sigara ichilen bir arabada oturmak istiyorum
I would like to sit in the non-smoking car.	Sigara içilmeyen bir arabada oturmak istiyorum.	sigara ichilmeyen bir arabada oturmak istiyorum
Where does this train / bus go?	Tren / Otobüs nereye gidiyor?	tren otobeus nereyc geidiyor
Where is the train / bus to...?	Tren / Otobüs ... 'ın neresinde?	tren otobeus ... en neresinde
Does this train / bus	Tren / Otobüs ....'da	Tren otobeus ... da

stop in...?	durur mu?	durur mu
What is the departure and arrival time?	Kalkış ve varış zamanı nedir?	kalkesh ve varesh zamane nedir
How much is a first class ticket?	Birinci sınıf bilet ne kadar?	birinci senef bilet ne kadar
Entrance.	Giriş.	girish
Exit.	Çıkış.	cekesh
Where is the bus stop?	Otobüs durağı nerede?	otobeus dooruhe nerede
One way ticket.	Gidiş bileti	gaidish bileti
A round trip ticket.	Bir gidiş dönüş bileti	bir gaidish deoneush bileti
Do you go to...	... mı gidiyorsunuz?	me gaidiyorsoonooz
Do you have a schedule?	Bir tarifeniz var mı?	bir turifeniz var me
Which direction do I have to go?	Hangi yöne gitmeliyim?	hangai yeone gitmeliyim
How often do the trains run?	Tren ne sıklıkta çalışır?	tern ne seklektu chalesher
How many stops are there?	Kaç tane durak var?	kuch tane dooruk var
Please tell me when we get there?	Lütfen oradan ne zaman ayrılacağımı söyleyin.	leutfen oradan ne zaman ayrelacaheme seoyleyin
How do I get there?	Oraya nasıl giderim?	oraya nasel giderim
Where is the closest	En yakın metro	en yaken metro

metro station?	istasyonu nerede?	istasyonu nerede
How much is the fare?	Navlun bedeli nedir?	navloon bedeli nedir
How long does it stop?	Ne kadar duracak?	ne kadar duracak
From what platform does it leave?	Hangi perondan ayrılacak?	hangi perondan ayrelacak
Do I have to change trains?	Tren değiştirmek zorunda mıyım?	tren dehiştirmek zorunda meyem
Is this place taken?	Buraya gider mi?	booruyu gider mi
How much does it cost?	Bunun bedeli nedir?	boonoon bedeli nedir
Where do I get off?	Nerede ineceğim?	nerede inecehim
What time does the train leave?	Tren ne zaman hareket eder?	tren ne zaman hareket eder
Towards the...	...'a doğru	u dohru
Past the...	...'i geçince	i gechinge
Before the...	...'dan önce	dun eonge
Street	Sokak	sokuk
Intersection	Kavşak	kuvshuk
One way	Tek Yol	tek yol
No parking	Park yapılmaz	purk yapelmaz
Gaspetrol station	GazPetrol ofisi	gaz petrol ofisi

Gaspetrol	GazPetrol	gaz petrol
Diesel	Dizel	dizel
Fare	Navlun	nuvloon
Speed limit	Hız limiti	hez limiti
Taxi!	Taksi!	taksi
Take me to...., please.	Beni .... götürün lütfen.	beni ... gaeoteureun leutfen
How much does it cost to go to...?	.... gitmek ne kadar tutar?	gaitmek ne kudur tootur
Take me there, please.	Beni oraya götürün lütfen.	beni oruyu gaeuteureun leutfen
Is there a subway in this city?	Bu şehirde alt geçit var mı?	boo shehirde ult gechit var me
Where can I buy a ticket?	Nereden bilet alabilirim?	nereden bilet ulubilirim
Do you have a map showing the subway stops?	Alt geçit duraklarını gösteren bir haritanız var mı?	ult gechit dooruklurene gaeosteren bir huritunez var me
Can you show me on the map?	Haritada gösterebilir misiniz?	hurituda gaeosterebilir misiniz
Please take me to this address.	Lütfen beni bu adrese götürür müsünüz?	leutfen beni boo udrese gaeoteureur meuseuneuz
Is it far from here?	O buradan uzak mı?	o boorudun oozuk me
I am lost.	Kayboldum.	kuyboldoom

| I want to rent a car. | Araba kiralamak istiyorum. | urubu kirulamak istiyorum |

Emergencies and Problem Phrases

	Translation	How to say it
Help!	Yardım Edin!	yurdem edin
What is wrong?	Sorun nedir?	sorun nedir
Leave me alone.	Beni yanlız bırakın.	beni yunlez beruken
Don't touch me!	Bana dokunma!	bunu dokoonma
I will call the police.	Polisi arayacağım.	polisi arayacahem
Police!	Polis!	polis
Stop! Thief!	Dur! Hırsız!	door hersez
It's an emergency.	Bu acil bir durum.	boo ucil bir dooroom
I need help.	Yardıma ihtiyacım var.	yurdeme ihtiyucem var
I'm lost.	Kayboldum.	kuyboldoom

Medical

	Translation	How to say it
I have pain.	Ağrım var.	uhrem var
I have a stomach ache.	Karın ağrım var.	kuren uhrem var
I am a diabetic.	Şeker hastasıyım.	sheker hustaseyem
I have backache.	Sırt ağrım var	sert uhrem var
I have a toothache.	Diş ağrım var.	dish uhrem var
I do not feel good.	Kendimi iyi hissetmiyorum.	kendimi iyi hissetmiyorum
I have chest-pain.	Göğüs ağrım var.	gaeuheus uhrem var
I had a heart attack.	Kalp krizi geçirdim.	kulp krizi gechirdim
I have cramps.	Krampım var.	krumpem var
I have a sore throat.	Boğaz ağrım var.	bohaz ahrem var
I am allergic to…	… alerjim var.	alerjim var
I need a doctor.	Doktora ihtiyacım var.	doktora ihtiyacem var
I need a dentist.	Diş doktoruna ihtiyacım var.	dish doktoruna ihtiyacem var
I need a nurse.	Hemşireye ihtiyacım var.	hemshireye ihtiyacem var
I feel sick.	Kendimi hasta	kendimi husta

	hissediyorum.	hissediyorum
I have a headache.	Baş ağrım var	bush ahrem var
I think that I have the flu.	Nezle olduğumu düşünüyorum.	nezle olduhumu deusheuneuyorum
I feel dizzy.	Baş dönmem var.	bush deonmem var
I feel nauseous.	Midem bulanıyor.	midem bulaneyor
I have fever.	Ateşim var.	ateshim var
It hurts here.	Burası ağrıyor.	burase uhreyor
Where's a hospital?	Hastane nerede?	hustane nerede

Money

	Translation	How to say it
Do you accept American dollars?	Amerikan doları kabul ediyor musunuz?	amerikun dolare kubool ediyor moosoonooz
Do you accept Euros?	Euro kabul ediyor musunuz?	uvro kubool ediyor moosoonoooz
Do you accept British pounds?	İngiliz Pound'u kabul ediyor musunuz?	ingailiz puoondoo kubool ediyor moosoonooz
Do you accept credit cards?	Kredi kartı kabul ediyor musunuz?	kredi kurte kubool ediyor moosoonooz
Where can I find an ATM?	ATM'yi nerede bulabilirim?	atmyi nerede bulabilirim
Where can I withdraw money?	Nereden para çekebilirim?	nereden puru chekebilirim
Where is the bank?	Banka nerede?	bunku nerede
What is the exchange rate?	Döviz kuru nedir?	doeviz kooroo nedir
Where can I get money changed?	Dövizimi nerede bozdurabilirim?	doevizimi nerede bozdurabilirim
Can you change money for me?	Dövizimi benim için bozdurabilir misiniz?	doevizimi benim ichin bozdurabilir misiniz
Where can I get a	Yolcu çekini nerede	yolcoo chekini nerede

traveler's check changed?	bozdurabilirim?	bozdurabilirim
Can you change a traveler's check for me?	Yolcu çekini benim için bozdurabilir misiniz?	yolcoo chekini benim ichin bozdurabilir misiniz

Shopping

	Translation	How to say it
I am looking for a shopping center.	Alışveriş merkezi arıyorum.	aleshverish merkezini areyoroom
Where can I find a department store?	Stok bölümünü nerede bulabilirim?	stok boeleumeuneu nerede bulabilirim
Where can I find a gift shop?	Hediyelik eşya dükkanını nerede bulabilirim?	heediyelik eshyu duekkunene boolubilirim
Where can I find a market?	Marketi nerede bulabilirim?	murketi nerede boolabilirim
Where can I find a clothing store?	Elbise mağazasını nerede bulabilirim?	elbise muhuzasene nerede boolabilirim
Please show me.	Lütfen bana gösterin.	lewtfen bunu geosterin
I'd like something.	Birşeyler istiyorum.	birsheyler istiyorum
I need...	... ihtiyacım var.	ihtiyagem var
... batteries	Bataryalara..	botoryalaruh
... a pen	Kaleme...	kulemeh
... condoms	Prezervatife...	prezeervutifeh
... change	Değişikliğe...	dehishiklihe
... a postcard	Posta kartına...	posta kartena

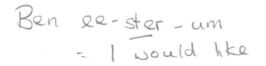
Ben ee-ster-um = I would like

... postage stamps	Posta puluna...	posta pooloona
... a razor	Jilete...	jilete
... shampoo	Şampuan...	shumpooan
...aspirin	Aspirin...	uspirin
... cold medicine	Soğuk ilaca...	sohuk ilaca
... stomach medicine	Karın ilacına...	karen ilacena
... soap	Sabuna...	sabuna
... tampons	Tamponlara...	tamponlara
... writing paper	Kâğıda...	kahedu
... sunblock lotion	Güneş losyonuna...	geunesh losyonuna
... toothpaste	Diş macununa...	dish mugeununa
... a toothbrush	Diş fırçasına ...	dish ferchusenu
... an umbrella	Şemsiyeye ...	shemsiye
... English-language books	İngilizce kitaplarına ...	ingilizge kitupluru
... English-language magazines	İngilizce dergilere...	ingilizge dergailere
... English-language newspaper	İngilizce gazetelere ...	ingilizge gazetelere
Do you take VISA?	VISA geçerli mi?	visa gecherli mi
Do you take debit cards?	Bankamatik kartı geçerli mi?	bunkumutik kurte gecherli mi
Do you take	Amerikan doları	amerikun dolare

American dollars?	geçerli mi?	gecherli mi
Do you have?	Şundan var mı?	shoondun var me san-day-var-ma
Do you have this in my size?	Benim bedenimde olanı var mı?	benim bedenimde olane var me
Expensive	Pahalı.	puhula
Cheap	Ucuz.	oocooz
I'd like to try it on.	Bunu denemek istiyorum.	boonoo denemek istiyorum
It does not fit (me).	Bana uymadı.	bunu ooymuada
It fits very well.	Bana çok iyi uydu.	bunuh chok iyi ooydooh
How much is it?	Fiyatı ne kadar?	fiyatea ne kudur
I can't afford it.	Bunu ödeyemem.	boonoo oedeeyemem
That is too expensive.	Bu çok pahalı.	boo chok puhulei
You're cheating me.	Beni dolandırıyorsunuz.	beni dolandereyorsunuz
I'd like something else.	Başka birşey daha istiyorum.	bashka beershey daha istiyorum
I'm not interested.	İlgilenmiyorum.	ilgailenmiyourom
I don't want it.	Onu istemiyorum.	onu istemiyorum
I will take it.	Bunu alıyorum.	boonoo aleyorum
Can I have a bag?	Torba alabilir miyim.	torba alabilir miyim
Can you ship it to my country?	Bunu benim ülkeme gönderebilir misiniz?	boonoo benim uelkemee

		guenderebilir misiniz

Time and Date

	Translation	How to say it
Minute / Minutes	Dakika / Dakikalar	dakika dakikalar
Hour / Hours	Saat / Saatler	saat saatler
Day / Days	Gün / Günler	gaeun gaeunler
Week / Weeks	Hafta / Haftalar	hafta haftalar
Month / Months	Ay / Aylar	ay aylar
Year / Years	Yıl / Yıllar	yel yellar
3 o'clock AM	Sabah saat 3	sabah saat euch
8 o'clock AM	Sabah saat 8	sabah saat sekiz
2 o'clock PM	Öğlen saat 2	ouhlen saat iki
9 o'clock PM	Akşam saat 9	aksham saat dokuz
Monday	Pazartesi	Pazartesi
Tuesday	Salı	sale
Wednesday	Çarşamba	charshamba
Thursday	Perşembe	pershembe
Friday	Cuma	Cuma
Saturday	Cumartesi	cumartesi
Sunday	Pazar	Pazar

Today	Bugün	bugeun
Yesterday	Dün	deun
Tomorrow	Yarın	yaren
This Week	Bu Hafta	bu hafta
Last Week	Geçen Hafta	gechen hafta
Next Week	Gelecek Hafta	gelecek hafta
January	Ocak	ocak
February	Şubat	shubat
March	Mart	mart
April	Nisan	nisan
May	Mayıs	mayes
June	Haziran	haziran
July	Temmuz	temmuoz
August	Ağustos	ahustos
September	Eylül	eyleul
October	Ekim	ekim
November	Kasım	kasem
December	Aralık	aralek
June 13th, 2003	13 Haziran 2003	oneuch haziran ikibin euch

I sincerely hope you will get as much pleasure from this phrase book as I have had making it.

Now please go enjoy the beautiful country of Turkey with your newly learned language skills...

Printed in Great Britain
by Amazon